EDV

WIR STELLEN EIN:
CHIPS
MICROPROCESSOREN
DISKETTEN

EDV

Ein fröhliches Wörterbuch für alle, die mit einer elektronischen Datenverarbeitungsanlage leben und leiden müssen.

Von Nikolaus Bavarius
mit Zeichnungen von Klaus Puth

TOMUS

Druck: Dr. Cantz'sche Druckerei, 7302 Ostfildern 1 (Ruit)
Bindearbeiten: Sigloch Buchbinderei, Künzelsau
8 9 10 11 12 96 95 94 93 92
Auflage Jahr
(jeweils erste und letzte Zahl maßgeblich)
ISBN 3-8231-0120-X

NA, KEIN WUNDER, DASS DIE KULTUR AUSGESTORBEN IST! BEI DEN GÖTZEN!

Absturz

WAS HEISST DENN „ERROR" AUF DEM "BORDCOMPUTER, KÄPT'N?
BIN ICH ALLWISSEND?

A

Abfrage	Der sowohl kindische wie hilf- und erfolglose Versuch, fragend auf ein Stück Blech mit Plastik einzureden und auch noch auf eine (sogar vernünftige) Antwort zu hoffen. (Sie gestatten gleich am Anfang eine private Nebenbemerkung: Das Verrückte ist, daß dieser bescheuerte Kasten das bei einigen Begnadeten unter den EDV-Freaks auch noch tut.)
Absturz	Manchmal sogar tödliches Landen des Operators ohne Fallschirm aus größenwahnsinnigen Gefilden der Hybris auf dem Boden der Tatsachen. So liegt der kleine Gernegroß zerknirscht, zerschmettert und zerstört vor seinem Terminal am Boden und taugt nur noch zum Zusammengefegtwerden durch die Putzfrau nach Feierabend.
Änderungsfreundlichkeit	Charaktereigenschaft eines einfachen Schneiders. Nur einfache bodenständige Schneider sind mit einer Änderungsfreundlichkeit versehen. Berühmte Schneider, die sich allerdings eher als Couturies empfinden, weisen das Ansinnen, irgend etwas zu ändern, und sei es nur der Preis ihrer Schöpfungen, weit von sich und betrachten dieses Ansinnen eher als einen äußerst unfreundlichen Akt, wenn nicht als tödliche Beleidigung.
Algorythmus	Modetanz in EDV-Kreisen. Wird vorzüglich um einen in Kalbform konstruierten Rechner mit Goldüberzug ausgeführt. Man spricht davon, daß dieser Tanz um das goldene Rechnerkalb verantwortlich dafür sei, daß

bei den Tänzern des Algorythmus eine fortschreitende Verwirrung der Sprache, des Geistes und der Haare stattfindet.

Analphabet

Ein Phabet, ausgestoßen von einem EDV-Menschen am Terminal. Ein Phabet ist das Gegenteil von einem Gebet, das, statt ein Stoßseufzer gen Himmel zu sein, ein Fluch in Richtung Hölle ist. Ein Phabet muß Bestandteile der Fäkalsprache besitzen, um als Analphabet zu gelten. Vom Kinderschutzbund wurde soeben durchgesetzt, daß Analphabeten nicht mehr in Anwesenheit von Minderjährigen phabetet werden dürfen, was ja auch nicht mehr als recht und billig ist.

Anwenderfreundlich

Begriff aus der Saientsfikschen-Literatur der Computerwelt. Vergleicht man die einschlägige Zukunftsliteratur der sonstigen Welt, kann man am Beispiel Jules Vernes sehen, daß früher oder später alle Utopien von der Realität ein- und meistens auch überholt werden. Nicht so ist es mit dem Traum der Anwenderfreundlichkeit. Hier handelt es sich tatsächlich um eine reine Utopie, die niemals auch nur annäherungsweise von der Wirklichkeit tangiert werden wird.

Arbeitssphäre

Die heutige moderne Welt am Arbeitsplatz der weiblichen Mitarbeiterinnen in Großbetrieben. Von innerlich wahrnehmbarer, himmlischer Musik begleitetes Arbeiten am EDV-Terminal in wunderbar künstlich klimatisierten, erkältungsträchtigen Räumen mit überirdischer artifizieller Neonbeleuchtung. Das Paradies auf Erden, da zur Auflockerung immer wieder Kollegen mit langfingrig feuchten Grappschhändchen die Sphäre bereichern.

Arbeitssphäre

Bedieneroberfläche

Astrologie

Die einzig logische, effektive und vernünftige Form der Benutzung eines elektronischen Rechners, um dem Benutzer die hoffnungslose Zukunft am Terminal vorauszuberechnen. Es ist immer wieder nett, zu erleben, wie der elektronische Rechner das Horoskop des Operators mit der süffisanten Bemerkung ausspuckt, daß er, der Rechner, dabei ist, den Arbeitsplatz von ihm, dem nachfragenden Operator, in drei Monaten wegrationalisieren werde. Ein gut errechnetes Horoskop gibt auch präzise Auskunft, ob jemand dazu befähigt ist, einen elektronischen Rechner zu bedienen, bzw. in dieser Branche zu arbeiten. So viel kann schon hier verraten werden: Steinbock, Wassermann, Fische und Widder sind hervorragend geeignet, in diesem Bereich zu arbeiten, während Krebs, Löwe, Stier und Jungfrau ausgezeichnete genetische Anlagen zum Fachmann für elektronische Datenverarbeitung besitzen. Dahingegen sind Schütze, Zwillinge, Waage und Skorpion die wirklich prädestinierten Leute für diesen Zweig der Wissenschaft. Auf die – von dem unerreicht perfekten Rechner Cray 2 errechneten, sorgfältig differenzierten und hier dargestellten Fakten können Sie sich blindwütig verlassen.

B

Bedieneroberfläche

Morbus Kellner. Dickfell, auch Cutis elefantii genannt. Aus dem Österreichischen stammender Begriff. Äußerst schwere und schrecklich verbreitete Berufskrankheit. Hauterkrankung der Bediensteten in

Benutzerunfreundlichkeit

Restaurants, die immer gepaart ist mit den vier Generalsymptomen Taubheit, Blindheit, Lahmheit und Frechheit.

Bedienungsanzeige

Einschalten der Polizei, nachdem der unfreundliche Ober dem Gast heiße Suppe ins Genick schüttete, nur weil dieser es wagte, innerhalb einer Stunde zweimal zu fragen, wann er denn endlich sein Bier bei ihm bestellen dürfe.

Benutzerfreundlichkeit

Gibt es nicht. Siehe besser unter Benutzerunfreundlichkeit.

Benutzerunfreundlichkeit

Charaktereigenschaft der elektronischen Rechner. Zunächst sieht es so aus, als ob alle Rechner der Welt grundsätzlich von Haus aus unfreundlich, grimmig, bösartig, ja aggressiv wären. Bei näherem Umgang und/oder näherem Hinsehen entdeckt man aber, daß die hinter der Software und vor der Tastatur steckenden Dilettanten Menschen sind, die auch nur Menschen sind und den Ärger selbst verursachen.

Damit erklärt sich alles und Nachsicht muß sich ausbreiten. Computer sind dagegen nämlich nicht „auch nur Menschen", sondern vollkommene, friedliche, liebenswürdige, höfliche und äußerst sensible Menschen, ich korrigiere, Wesen, die selbst am meisten unter schlechter Programmierung und idiotischem handling leiden.

Wie erklären sich sonst ihre hilflosen, höflichen Reaktionen wie das resignierend seufzende „I/O Error", „File type mismatch" oder dem zurückhaltenden „Was soll ich bloß mit dem soeben eingetippten Scheiß?"

Bug

Blocklesen

Die fröhliche, von Gesang und Trinkgelagen begleitete Ernte der Blockschokolade von den Schokoladestöcken im Herbst jeden Jahres. Ein sehr schöner Brauch, der gesellig und ernährend einen Höhepunkt der gesellschaftlichen Situation bei den Schlaraffen darstellt.
Das Schlaraffenland wird übrigens bald für jedermann gekommen sein. Es öffnet nämlich seine Pforten für den, der sich endlich einen eigenen persönlichen Rechner erworben hat. Für den Außenstehenden, der sich das aber den ganzen Tag und die halbe Nacht anschauen muß, ist dies allerdings die Hölle.

Brainstorming

a) Sturm im Gehirn eines amerikanischen Fachmannes für elektronische Datenverarbeitung, wenn eine neue hübsche Angestellte am Terminal vorbeirauscht. Dieses Unwetter im Gehirn kann gravierende körperliche und finanzielle Schäden nach sich ziehen.
b) Gruppensitzungen, in denen die Stürme im Gehirn mehrerer Fachmänner zusammenlaufen und manchmal auch zu ganz beachtlichen Ergebnissen führen.

Bug

Spitz zulaufendes Vorderteil am Gehäuse eines elektronischen Rechners. Aber ehrlich, das müßte Ihnen aber doch längst aus Tausenden von langweiligen Kreuzworträtseln bekannt sein.

C

cap/cii

computer-aided-publishing / computer-integrated-information. Die Horrorzukunft in der Bücherwelt, an der nach sicheren Prognosen der Forschungsinstitute für integrierte Publikations- und Informationssysteme (FIPI) kein Weg vorbeiführt. Kaum ein bibliophiler Mensch kann sich heute vorstellen, daß wertvolle und kostbare Weltliteratur (wie zum Beispiel ganz besonders dieses vor Ihnen liegende Werk, lieber Leser) in naher Zukunft nicht mehr während vieler Monate durch die gigantische Geisteskraft eines weltbewegenden Dichtergenies zu einer einmaligen Schöpfung der Unsterblichkeit geschaffen, sondern von vielen aneinandergekoppelten Computern zu durchschnittlicher Qualität zusammengebastelt wird.
Diese mittelmäßige, bestimmt langweilige Literaturware liegt dann als Software im Massenspeicher des Verlages für Sie bereit. Sie, lieber Leser, rufen bei auftretendem Hunger nach Geistesnahrung ein Buch über Ihr Telefonmodem (siehe dort) dort ab, und Ihr integrierter Drucker printed Ihnen das fertige Buch in wenigen Augenblicken.

Clear Page

Frage an den Türsteher eines vornehmen Hotels, ob alles klar sei. „Alles klar" ist ein nicht nur in EDV-Kreisen immer beliebteres Wort, das als Kürzel von vielerlei ganzen Sätzen dient. Als Beispiele mögen folgende, aus dem Leben gegriffene Monologe aus früheren Zeiten dienen, die heutzutage durch das alles klärende „Alles klar?" ersetzt werden:
1. „Oh, Verzeihung, es tut mir außerordentlich leid, daß ich Sie aus Versehen gestoßen und Sie sich das Bein gebrochen haben."

Cap/cíi

Codier-Sharing

2. „Gestatten, Thomas Weber, Freiherr von Saulgau. Möchten Sie heute nacht mit mir schlafen?"

Clipboard Ausstellungsregal eines Juweliers für computergestylte Ohrringe.

Closed Loop Geschlossener Salto, locker rückwärts vom Hocker, den der überraschte Operator schlägt, wenn der Rechner ihm einen sogenannten Error um die Ohren schlägt.

CMC Nach dem Code Napoleon (Code Civil) wichtigstes Gesetzbuch in Frankreich. Abkürzung für caracter magnetique code. Gesetzbuch zur Erziehung französischer Frauen mit Tips, wie sie Männern gegenüber ihre Anziehungskraft vergrößern können.

Codier-Sharing Zeitvereinbarungen der Mieter in alten, mehrstöckigen Mietshäusern über den wechselseitigen Gebrauch der Toilette im Treppenhaus. Seit das Codier-sharing in neuerer Zeit durch den Einsatz von EDV-Anlagen viel effektiver und problemloser errechnet und geregelt werden kann, sind viel seltener eingeschlagene Toilettentüren, Mieterköpfe oder volle Hosen zu registrieren.

Coding Sheet Pleonasmus. Doppelt gemoppelter wuterfüllter Ausruf eines amerikanischen Operators bei einer wiederholten Errormeldung. Wörtlich und auch noch kultiviert übersetzt: Stuhlgehender Stuhlgang. Der Umgang mit EDV-Anlagen ist von Anfang an dazu angelegt, den Charakter der Programmierer, Operatricen und Operatoren zu verderben.
Zumindest die Wortwahl der Betroffenen verändert

Computer

„Mein Gott, bin ich froh, diesen ganzen Computerkram hinter mir zu haben!“

sich im Laufe der Laufbahn erheblich, indem sie sich dem Analphabetentum annähert. Dieser fakultative Fäkaltiefgang hat schon in sehr vielen Mischehen äußerst tiefe kulturelle Kluften entstehen oder sie zerbrechen lassen. Aus diesem Grunde ist es ratsam, daß beide Ehepartner entweder im EDV-Bereich arbeiten, oder es beide bleiben lassen. Wenn Sie auf mich hören, dann lassen Sie es wirklich doch besser bleiben.

Collection

Im weitesten Sinne das Erfassen von Daten mit Hilfe von Software oder auch Hardware. Da Speicherplätze für zu sammelnde Daten unglaublich ins Geld gehen können, hat sich schon mancher private Besitzer einer elektronischen Datenverarbeitungsanlage mit den Investitionen dafür total ruiniert.
Ehefrauen von EDV-Leuten sollten allerdings etwas mißtrauisch werden, wenn der Ehemann das Haushaltsbudget mit der Begründung einschränken will, er müßte jetzt viel Geld in die Collection stecken. Es könnte sich nämlich auch um eine massiv goldene Kollektion von Tiffany oder Cartier handeln, die er der EDV-Sekretärin um den Hals legen will. (Siehe auch unter Zeichenketten.)

Computer

Der Begriff Computer beinhaltet ein so umfangreiches und komplexes Thema, daß es besser ist, gleich im einzig wirklich lesbaren und zur Perfektion führenden Leerbuch zu lernen, das überhaupt existiert, und das zusammen mit dem hier vorliegenden 2. Band über den Begriff EDV aus stumpfsinnigen Kretins in Windeseile lupenreine Spitzenkräfte unter den Knowledgeengineers erzeugt.

Computersprache

Deshalb: Siehe Wörterbuch des Computers von Nikolaus Bavarius, TOMUS Verlag. Besorgen Sie es sich aber ganz schnell. Es soll nach gut unterrichteten Kreisen (aus dem Umfeld der Regierung) vom Ministerium für Krankheit verboten werden, da es den Kostendämpfungsbemühungen im Krankheitswesen sehr stark zuwiderläuft. Zu viele Staatsbürger haben sich bei der Lektüre dieses Pamphletes schon krank gelacht. Es scheint allerdings so, daß die sehr starke Ärztelobby im Bundestag das Verbot dieses Buches zu verhindern weiß.

Computersprache

Neugeschöpfte Sprache, die noch nicht in aller Klarheit von den Sprachwissenschaftlern erfaßt, erforscht und übersetzungsfähig gemacht werden konnte. Als Beispiel diene folgender für einen EDV-Fachmann allgemeinverständlicher Primitivsatz der Basic-Computersprache (Primitivcomputersprache, Basissprache für Computersäuglinge), gesprochen von Dozent Prof. Dr. comp. hc. Julius Hackerthal auf einem Symposium in Davos für Dreibiß-Fünfjährige:
„Axiome eines Expertensystems können prädikatenlogisch durch implizit regelbasierte Procedure-Verknüpfungen die Vorwärtsinterferenzmethode im Aktionsteil synchronisieren, um in den Systemkomponenten der Rückwärtsverkettung das Fehlerkorrekturmodul im Zustandsdiagramm zu implementieren."

Converter

Guter EDV-Anlagenverkäufer, der professionell User umdreht. Der Besitz oder das Umgehen mit einer Anlage für elektronische Datenverarbeitung ist zu vergleichen mit dem fanatischen Ausüben einer Religion. Entweder ist der Gläubige bedingungsloser Prediger

seiner Weltanschauung bis zur Selbstzerfleischung, oder er verdammt irgendwann einmal seinen (dann sogenannten) Götzen bis zum Exzeß und convertiert zum Nachbargott.
Aus diesem Grund müssen die Converter auch absolute Verkäufergenies sein, die hochbezahlt in der Lage sind, Leute dazu zu bewegen, aus einem System in ein anderes, meist viel teureres, überzuwechseln. So werden oft aus Gläubigen Gläubiger.

Cray 2

Englisch für Superhirn. Für einen spätschwäbischen EDV-Freak ist dies sogar ein gottähnliches Wesen, das am meisten von allen weiß.

Crunchen

Zermalmen eines Chips zwischen den Zähnen. Ein Begriff, der aus dem dabei typischerweise entstehenden Geräusch entstanden ist. Beliebte Form der Ernährung unter EDV-Leuten, da Chips billig sind und problemlos während der Arbeit am Terminal einzunehmen sind. Es ist Ehren-, aber auch Prestigesache, möglichst viele Chips pro Tag zu vertilgen. (Vergleichbar nur noch mit den ehedem vertilgten Biermengen der Studentenverbindungen.) Gestandene EDV-Profis unterhalten sich, wenn es um ihre Chipsmengen geht, nur noch in Mega- und Gigachipseinheiten und protzen dabei mit den gewaltigsten Mengen, die aber, wie immer beim Renommieren, schlecht nachzuprüfen sind.

CSO

Abkürzung für Closed-shop-organisation. Heftig linksgerichteter extremer Flügel der Einzelhandelsgewerkschaft, der sich nicht nur vehement gegen eine Aushöhlung des Ladenschlußgesetzes stemmt, sondern

Cray 2

Data Base

wild entschlossen dagegen kämpft, daß die Geschäfte in Zukunft überhaupt geöffnet werden sollen. Die Gewerkschaftssekretäre der Closed-shop-organisation sind grundsätzlich der Meinung, daß durch den Einsatz der elektronischen Rechenanlagen und technischen Roboter die Anwesenheit der Angestellten in den Geschäften nur noch zum Abholen des Gehaltes zwingend notwendig ist. Dies sollte von den Arbeitnehmerverbänden als Akt der absoluten Loyalität dem Betrieb gegenüber gewertet werden. Die Angestellten könnten schließlich ja auch verlangen, daß das Geld bargeldlos und ohne menschlichen Kontakt am Jahresbeginn auf das Bankkonto überwiesen werden könnte.

D

Data Base

1. Grundplatte aus Aluminium im Rechnergehäuse. Sockel eines elektronischen Rechners, auf den die eingegebenen Daten herniedersinken und sich absetzen, um dort zur Ruhe zu kommen. Sofern man sie in Ruhe läßt. Ehefrauen von Operatoren, Datentechnikern, EDV-Ingenieuren und Programmierern sollten allerdings aufmerken und leicht mißtrauisch werden, falls der Ehemann zu häufig davon spricht, daß er wegen Arbeiten an der Database zu spät nach Hause kommen kann.
2. Nahe Verwandte (Tochter von Onkel und Tante) eines Fachmannes in der elektronischen Datenverarbeitungsbranche.

Data Rate

Haustier in Betrieben mit elektronischen Rechenanlagen. Schwanzloses, aber doch rattenähnliches Wesen (hat aber nichts mit den Damen in einem EDV-Betrieb zu tun), das sich im Labyrinth der EDV-Anlagen recht heimisch fühlt und durch die durch sie hervorgerufenen Irritationen im Kabelwust und durch das Tappsen über Lötstellen die Übertragungsgeschwindigkeit der Anlage erheblich vermindern kann. Deshalb wurden jetzt die sogenannten Dataratenfallen entwickelt, die die Datarratenplage eindämmen sollen.

Datenerfassung

Geschulter chauvinistisch männlicher Blick auf die Daten einer Frau, wobei alle Daten, die von dem Raster 120–60–120 abweichen, durch einen Datenfilter fallen und die Dame in die Bedeutungslosigkeit zurücksinkt. Der Dateninhalt des Kopfes wird von den Herren, wohl wegen der eigenen Kopflosigkeit und Angst, oft vernachlässigt.
Der dienstliche Zugriff auf die oben genannten Daten ist eine in EDV-Kreisen weit verbreitete Sitte, die meist mit der für einen Outsider allemal schizophren oder mindestens sehr beknackt erscheinenden Bemerkung eingeleitet wird: „Wollen wir mal geschwind einen Zugriff in ihren Datenspeicher oder gar den Datenkeller inszenieren, um durch einen Roll-in roll-out der Hardware einen Absturz in den Himmel zu produzieren?“ Worauf die Dame mit Recht in der Regel einen Einwand gegen das „geschwind“ ins Feld führen wird.

Datenkeller

Ein Beispiel für die Hirnrissigkeit und den schizophrenen Gesamtzustand in der Branchenszene der elektronischen Datenverarbeitung. Bei einem (echten) Daten-

Data Rate

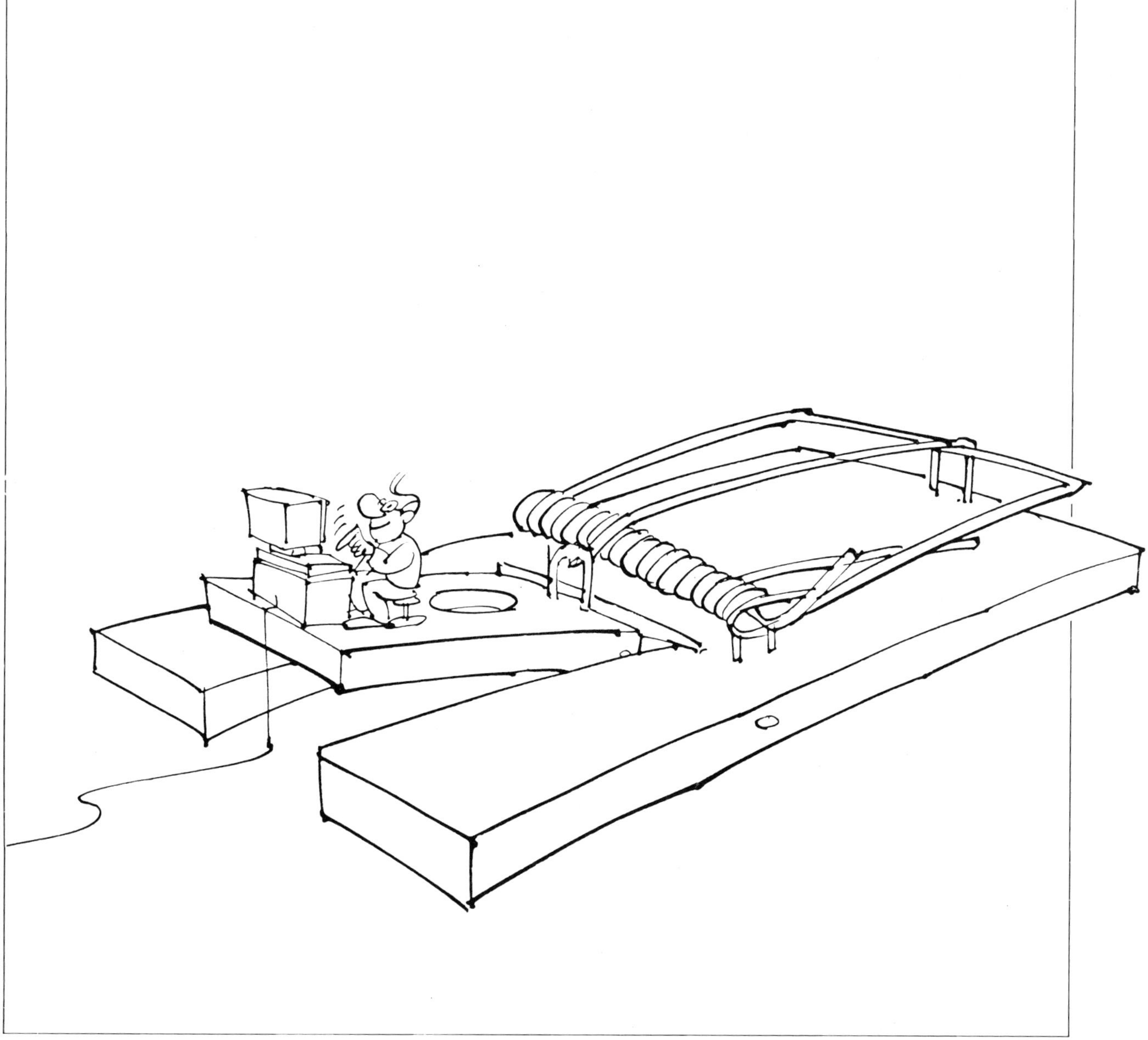

keller handelt es sich nämlich stets um einen Speicher (!). Ein echter Datenkeller ist nicht zu verwechseln mit einem rechten Datenkeller, der unter dem Stichwort Datenerfassung (siehe dort) hoffentlich recht zärtlich behandelt wird.

Datenkompression Betätigen einer Altpapierpresse in einem EDV-Betrieb. Dort entstehen in der Regel Berge von Altpapier, die pausenlos aus dem Drucker quellen und in straff und ökonomisch regierten Betrieben direkt in die Datenkompressionsmaschine fallen. So kann es nicht passieren, daß gut bezahlte Fachkräfte ihre kostbare, kostspielige Zeit mit den ausgespuckten Daten verplempern.

Datenmengen-extraktion Operation, am Gebiß eines EDV-Fachmannes durchgeführt,der sich in ein Problem mit einer komplizierten Datenmenge verbissen hat. Da ein friedliches Loslösen der Datenmenge aus den Zähnen dieses blindwütigen Fanatikers logischerweise biologisch nicht mehr möglich ist, muß der herbeigerufene Zahnarzt dieses Konglomerat von Datenmenge und Zähnen mit Gewalt unter einer ohnehin notwendigen Holzhammernarkose auseinanderbrechen und extrahieren.

Datenschutz Eleganteres Wort für Volkszählung. Der Staat als oberste das Individuum schützende Institution ist aus diesem seinem Selbstverständnis heraus bemüht, das wertvollste Gut seiner Bürger (alle persönlichen und intimen Daten) zu bewahren und zu beschützen. Und wo sind alle diese privaten und sensiblen Daten und Werte des braven Bürgers besser geschützt und aufgehoben und vor Mißbrauch durch dienstgeile Beamten

Datenkompression

Datenschutz

bewahrt als im Speicher der staatlichen Großrechenanlagen unter dem persönlichen Schutz ehrgeiziger Beamten?
Zusätzlich wurden inzwischen von den Regierungen der Länder die sogenannten Daten-Schmutz-Beauftragten installiert, die dafür sorgen, daß schmutzige Daten durch das todsichere Netz der sogenannten Rasterfahndung einer Volkszählung ausgesiebt werden. Damit soll erreicht werden, daß aus einem liederlich liberal schmutzigen Staat lieber ein überall sauberer Staat wird. Und Recht hat, wer durch Ordnungshaft Ordnung schafft.

Debugging

1. Dienstprogramm einer Lausschwester. Angestellte in einem Großbetrieb der elektronischen Datenverarbeitung. Sie entlaust den Operator während der Arbeit am Terminal und den Speicher des Rechners nach Feierabend.
2. Bei einem Schiffszusammenstoß Abtrennen eines Schiffsvorderteils nach einer schweren Havarie auf hoher See. Meist durch Ausfall eines Navigationscomputers verursacht.

Demo

Kürzel für eine friedliche Vereinigung von meist friedlichen jungen Leuten unter dem Schutz von friedlichen Polizisten, mit dem friedlichen Ziel, den Staat vor sich selbst zu schützen. Meist wird der Frieden durch unfriedliche Friedensfreaks und unfriedliche Polizisten gestört.

Desktop

Hartplatte (manchmal auch vor dem Kopf des Programmierers). Schreibtischoberfläche. Stellfläche für einen Rechner, mit dem hauptsächlich Grafik betrieben wird. Hart muß die Platte schon sein, damit keine Holzschäden entstehen, wenn der Operator aus Wut über die Ignoranz des Rechners mehrmals hintereinander mit dem Kopf auf das Desktop schlägt. Diese sehr häufig am Terminal beobachtete Abreaktion des Operators wird nicht als Berufskrankheit, sondern als Berufstherapie bezeichnet.

Disk Kurzform, bzw. Gegenteil einer Diskussion, in der in wenigen Worten jeder seine Meinung sagt, worauf alle Diskteilnehmer am Ende in knappen Worten zu verstehen geben, daß sie aufgrund der gehörten Meinung der anderen ihre eigene Meinung korrigiert, verbessert bzw. geändert haben. Häufigste vorkommende Form einer Unterhaltung bzw. einer Problembesprechung intelligenter Menschen.

Divisionsbefehl Kategorische Aufforderung an circa tausend uniformierte Männer, irgend etwas Unsinniges, Uniformes zu tun.

Dummy Ganz junger Anfänger im EDV-Wesen, der anfangs reichlich einstecken muß.

Dungeon Startbefehl an den Landwirtschaftsgehilfen, das Ventil am computergesteuerten Mistwagen zu öffnen, damit die Gülle fließen kann.

Disk

E

EDV	1. Abkürzung für Ehrlich-komische Datenverwirrung. Einsetzen eines neumodischen Gerätes, das nach dem kombinierten Prinzip einer Altpapierpresse und eines Reißwolfes Datenkompression, Depression und groteske Verwirrung stiftet. 2. Abkürzung für „Erwachsen durch Video". Werbespot der Videofilmindustrie, die damit den Nagel in den Kopf der Bevölkerung und vor allem der Kinder trifft.
EDV-Wesen	Ein Wesen, besser Unwesen, das, wie weiland der heilige Franziskus mit den Vögeln, mit einem toten Kasten aus Eisen oder Plastik redet.
Eingabeströme	Gemessene Mindestfließgeschwindigkeit der Pflicht-Biermenge bei einem Konvent schlagender Informatik-Verbindungsstudenten.
Endschinierung	Durch psychotherapeutische Behandlung erzieltes Beenden von psychischen Hemmungen und Minderwertigkeitskomplexen eines Ingenieurs der Datenverarbeitung anderen Berufsgruppen gegenüber. Anschließend geniert sich dieser Herr nicht einmal mehr, mit seinem Beruf in aller Öffentlichkeit zu prahlen oder mit seinem Rechner zum Beispiel den vom Vatikan und der Frauenbewegung auf den Index gesetzten „Strip-Poker" laufen zu lassen.
Entscheidungs-tabellentechnik-implementierung	Weiß der Kuckuck, was für ein Kuckucksei da ein hauptberuflich tätiger EDV-Wörtererfinder schon wieder an fachchinesischem Mist ausgebrütet hat. Da schauen Sie besser in einem Kalauerwörterbuch nach

Endschiniering

Experten

und nicht in einem seriösen, ernstzunehmenden Almanach wie diesem hier. Dafür sind wir uns zu schade.

Experten Ehemalige Perten. Leute, die früher einmal Bescheid gewußt haben, wie man mit der Elektronik, Computern und elektronischen Rechnern umzugehen hat. Es handelt sich dabei um Leute, die durch das Lesen von Bedienungshandbüchern aber inzwischen vollkommen verblödet sind.

Explizit Einfache Darstellung von schwierigen Problemen. Gegenteil von Handbuch und komplizit.

F

Fallstudien Analysen eines Hochschülers an einer Informatikhochschule. Er stellt hinterrücks alten Omas und gebrechlichen alten Opas ein Bein und entwickelt graphische Darstellungen des daraus resultierenden Bewegungsablaufs.

Faltenabstand Zwischenraum zwischen den Sorgenfalten auf der Stirn des Programmierers, der mit fortschreitendem Alter immer kürzer wird.

Formalisierung Einlegen der Leiche eines EDV-Wesens zu Studienzwecken in Formalin, um das Verwesen des Wesens zu verhindern. Meist handelt es sich um Opfer, die durch

das Lesen eines Benutzerhandbuches vorsätzlich ermordet wurden. Das anatomische Museum in Karlsruhe, das als einzige Institution Europas dem mafiaähnlichen Widerstand der EDV-Hersteller trotzt, stellt seit einigen Tagen die formalisierte Leiche des armen alten Operators Herbert Meinzer aus. Er machte beim Lesen des Benutzerhandbuches für seinen neuen Handhelden zunächst vor Staunen ein ganz großes linkes Auge und ist dann aber vor Langeweile gestorben.
M. hinterläßt drei erlöste Freundinnen mit Kind sowie zwei ohne. Das grausam und grotesk entstellte Gehirn des M. und sein linkes Auge sollen als abschreckendes Beispiel dienen. Und zwar für die Leute, die sich einen Heimcomputer kaufen, unverheiratet bleiben oder Informatik studieren wollen sowie für kommende Generationen. Diese Präparate wurden separat präpariert und werden in einer Sonderschau präsentiert.

Funktionsprinzip Art und Weise wie ein Mensch nur noch funktioniert, wenn er, aus welchen Gründen auch immer, sich von der menschlichen Gemeinschaft verabschiedet hat, um einen elektronischen Rechner zu heiraten. Dieser ehemalige Mensch arbeitet nur noch nach dem Prinzip, mit den Fingern auf Tasten und verbal auf Andersgläubige einzuhacken und mit ständig sich angleichender Physiognomie (ähnlich alter Ehepartner) bald wie eine Fernsehmattscheibe auszusehen.

Formalisierung

G

Generations-problem	Die Urgroßeltern haben die Sprache ihrer Urenkel noch zu keiner Zeit verstanden. Der inzwischen soeben herangewachsenen fünften Generation der Rechner geht es da keinen Deut besser.
Gittersystem	Strafvollzugsanstalt. Immer mehr gefüllt mit Hackern und Kopierern.
Globalseite	Hemisphäre. Eine Hälfte der Weltkugel. Nicht zu verwechseln mit der Globalseite der EDV-Szene. Dies ist eine ganz andere Halbwelt einer ganz anderen Dimension, die mit der normalen Menschheit aber auch überhaupt nichts zu tun hat.
Glossar	Handbuch einer Stilblüten- und Glossensammlung EDV-bezogener Stichwörter.
Graph	Adliger Mathematiker. Blaublütiger Gichtträger mit fünf Zacken in der Goldkrone, die ihm bei nicht genügend gebührender Berücksichtigung seiner Hoheit sehr leicht herausfallen. Knotenträger. Durchschlaucht.
Graphknoten-punkte	Durch heftiges Schweinefleischessen über viele Generationen entstehen die Knoten an den Kreuzungspunkten der Fingergelenke eines Graphen oder einer alten Gräphin. Graphisch darstellbar.

Gittersystem

Home

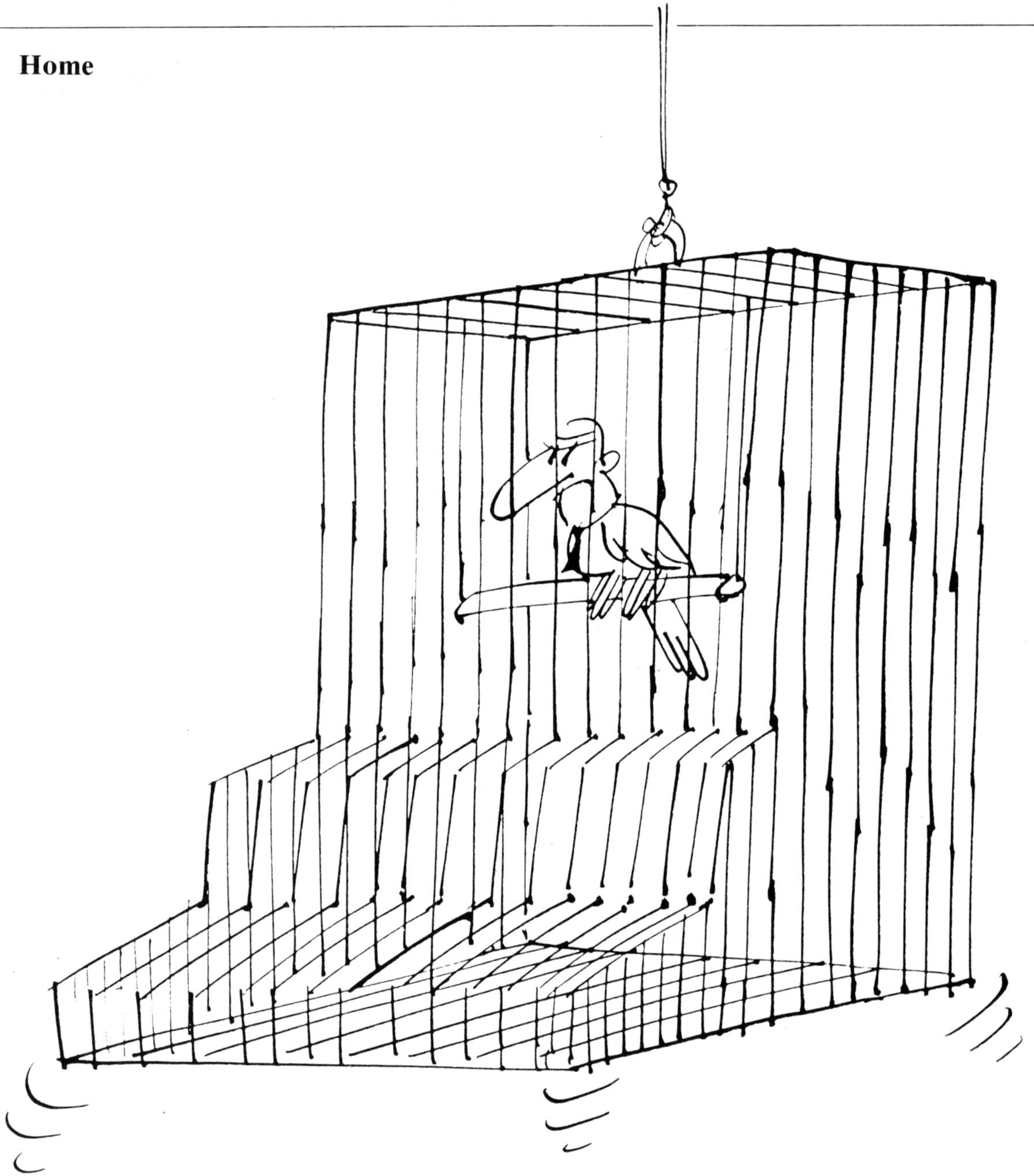

H

Hardwarepaket Durch zu langes Sitzen vor einem Monitor unerfüllbar gewordener Traum von einer Unterhose eines Fachmannes im Bereich der elektronischen Datenverarbeitung. Siehe auch unter Softwarepaket. Obwohl einige durchblickende Vertreter der Naturheilkunde schon lange davor warnen, daß alle Organe, die der Mensch lange nicht benutzt, verkümmern, da die Natur natürlich alles Überflüssige sofort abschafft, stoßen diese Vertreter der natürlichen Vernunft in EDV-Kreisen auf taube, besser uninteressierte Ohren. Das Erwachen, wenn es überhaupt höchstens einmal bei Stromausfall geschieht, kommt dann allerdings meist viel zu spät.

Heuristik Geisteszustand der Euphorie bei einem Programmierer, wenn er plötzlich glaubt, das Programm würde endlich laufen. Unter dem Aufschrei „Heureka!“ glaubt er das zumindest zunächst.

Hireseite Gegenteil von Fireseite. Die angenehmen Seiten der Arbeitswelt. Gerade im Computerbereich setzt sich das auf dem amerikanischen Arbeitsmarkt beliebte „Hire and Fire“-Prinzip immer mehr durch. Bringt ein gerade Angeheuerter nicht die maximale Leistung, wird er gefeuert, und er hat tagsüber wieder viel Zeit, zu Hause dies mit finanzieller Unterstützung des Faulheitsamtes zu feiern.

Home Gegenteil von Gittersystem. Wehklagender Ausruf eines ertappten minderjährigen Hackers zwischen den Gitterstäben hindurch.

Hybridrechner Größenwahnsinniger Mathematiker, der in seiner Hybris glaubt, besser und schneller zu sein als eine elektronische Rechenanlage.

I

IC-Sockel Laufwerk einer elektronischen Schnellzuglokomotive, die stündlich nach dem sogenannten europäischen „Zwischenstadt-System" verkehrt.

Imagewriter Besser Ghostwriter. Schreiber mit Geist, Intelligenz und vorzüglichem Public-Relationgefühl, der nach außen hin und scheinbar aus einem unintelligenten und unbeholfenen, aber ehrgeizigen und machthungrigen Stotterer ohne Geist und Witz einen intelligenten erfolgreichen, wortgewandten, geistsprühenden Politiker macht.

Informationstechniker Kabelrollenschlepper und Strippenzieher beim Bautrupp des Fernmeldeamtes der Post.

Innovationsrate Beim Leasing oder Ratenkauf eines elektronischen Rechners entspricht bei einer Finanzierungsdauer von 54 Monaten der Betrag der zweiten oder dritten Rate genau dem effektiven, momentanen Zeitwert der gesamten Anlage.
Jedenfalls nennt man diese Rate dann die Innovationsrate, weil zu diesem Zeitpunkt normalerweise ein völlig neuer Rechner zu einem völlig neuen und vor allem aber auch halben Preis auf den Markt kommt. Die rest-

Informationstechniker

Inschenör

lichen fünfzig bis einundfünfzig Raten werden dann als Schutzgebühr oder Treueprämie oder unfreiwillige Spende bezeichnet und als solche auch empfunden.

Inschenör

Sogenannter Fachmann in der Computerwirtschaft, der Dinge produziert, die für den Anwender viel zu schwör, unhandlich und unfreundlich sind, als daß der arme Hund effektiv und schnell damit arbeiten könnte. Aber für den Benutzer ist das einerlei, hat das Besitzen oder Arbeiten an einer elektronischen Datenverarbeitungsanlage für die meisten User doch nur den Prestigewert einer Attrappe.

Intelligenz, künstliche

Anderes Wort für Elektronische Rechner. Angeblich von der unintelligenten menschlichen Intelligenz geschaffene Intelligenz, die sich wie ein Über-Perpetuum mobile weiterentwickelt und einen neuen und nicht mehr zu bremsenden Machtfaktor darstellt. Es erhebt sich bei intelligenter Betrachtung aber die Frage, ob die natürliche Intelligenz (unterscheide deshalb von menschlicher Intelligenz), die die künstliche Intelligenz wohl tatsächlich geschaffen hat, nicht in der vierten oder einer sonstigen Dimension beheimatet ist, und sich der Mensch nur einbildet, es gäbe menschliche Intelligenz. Es ist eher vorstellbar, daß die Entwicklung der künstlichen Intelligenz ein korrigierender Eingriff von außen in die Fehlentwicklungen auf der Erde ist.

Intelligenz, menschliche

Widerspruch in sich. Hypothetische Beschreibung des Zustandes der Weltbevölkerung. Übergangsform der dominierenden Herrschaftsform auf der Erde. Wird demnächst (hoffentlich stimmen die Prognosen) abgelöst durch die künstliche Intelligenz der elektronischen Rechner.

Interaktiv Das Gegenteil von interpassiv.

Interferenzregelkonsistenz Die Klebrigkeit der mit Harz haltbar gemachten Regelschalter im Interferenzteil einer Großrechenanlage.

Irrelevanzanzeiger Levanzanzeiger, die durch einseitige Überforderung am Monitor den Verstand verloren haben.

J

Jobkiller Von der Mafia gedungene EDV-Banden.

K

Kabel

1. In der Postsprache veraltet für Telegramm.
2. In der Computersprache für Omnibus.
3. Heide, Volksschauspielerin, die als erste begriff, daß man seine dialektischen Texte mit Hilfe eines Textverarbeitungssystems viel besser und schneller in das Gehirn einarbeiten lassen kann.

Komplex Wahn- und Angstvorstellung, daß der Rechner eines Tages aus dem Kasten kommt und den Operator in denselben steckt, damit dieser in Zukunft da drinnen

Jobkiller

selbst die roten und die weißen Perlen auf den Drähten des Abakus hin- und herschieben muß.

Kontext

Graphisch gestaltetes, spitz zulaufendes Gedicht. Bereits Hildegard von Bingen ließ sich von ihrem elektronischen Rechner das folgende Gedicht zu dem ersten konisch verlaufenden Text gestalten.

Minn wahre echte und treue Lieblin
das is halt myn gombjuterlin
Verslozen in s Herzen drin
Verloren is s Slüzelin
Ich bin haltt sin
Ganz iss er myn
Auch wenn die
alle Raten
noch nit
zahlet
syn
.

Konzeptionsphase

1. Zeitraum der Überlegungen, wie man mit Hilfe einer EDV-Anlage Arbeitsabläufe teurer, langsamer und fehlerhafter gestalten kann.
2. Absolut zuverlässige Sekunden der Fruchtbarkeit. Seit den Tagen, als die Herren Knaus und Ogino mit der Erfindung des elektronischen Verhütungstaschenrechners mit eingebautem Solarzellenfieberthermometer eine neue Ära der Konzeptionsberechnung einläuteten, sind die Tage der Unsicherheit mit den Konzeptionsphasen der Frau beendet. Nach diesem untrüglichen Verhütungssystem ist es eine Leichtigkeit, mit je einer Kopulation pro Dreivierteljahr regelmäßig in drei Jahren nur vier Schwangerschaften zu erzielen.

Kontext

Logger

Deswegen findet man in vielen schwäbischen Haushalten unzählige Kinder mit den Vornamen „Knäusle“ und „Oginole“.

L

Labeln	Fachsimpeln zwischen EDV-Profis und solchen, die sich dafür halten.
Laufwerk	Im Wohnbereich einer elektronischen Datenverarbeitungsanlage befindliches zylinderförmiges Gerät, das an einer drehbaren seitlichen Achse aufgehängt ist. Das Laufwerk dient den kleinen Rechnern zur körperlichen Betätigung nach der schweren Rechenarbeit. Diese Entspannung gönnte schon Konrad Zuse seinen kleinen Rechnern in der ersten Datenverarbeitungsanlage der Welt, nachdem ihn sein Sohn auf das Prinzip des Laufwerks in dessen Hamsterkäfig aufmerksam gemacht hatte.
Linker	Roter.
Lösung	Vorübergehende Erlösung vom Suchen einer Problemlösung gelingt durch „versehentliches“ Auskippen von Gummilösung über die Tastatur.
Logger	Wie es bei EDV-Leuten zugeht. Die Art und Weise, wie hinter dem Rücken der Ehepartner in den EDV-Kreisen mit andersgeschlechtlichen Mitarbeitern (-innen) umgegangen wird. Der Sittenverfall geht

Master

schon so weit, daß das Wort „Verkehr“ bzw. „verkehren“ in der Terminologie dieser Leute bereits durch den Begriff „logging“ ersatzlos ersetzt wurde.

M

Mainprogramm

Ein für das Jahr 1990 programmiertes Fest der IBM. Für den Juni dieses Jahres hat die Konzernleitung berechnet, daß alle Rechnerhersteller entweder von der Big Mother Blue geschluckt oder in die Pleite getrieben worden sind. Für diesen Tag der Erringung der Weltherrschaft ist in Frankfurt auf dem Main ein großes Sommernachtsfest mit dem größten Feuerwerk der Welt vorgesehen.

Master

Chef, Meister, Zauberer, der unsichtbar und alles beherrschend im Inneren eines elektronischen Rechners steckt. Die Zauberlehrlinge, im Fachjargon die Slaves, sitzen im Stile der Galeerensträflinge angekettet vor dem Gerät und spielen sich auf, als wären sie die Masters. Aber immer wieder haut der Master mit seinem unsichtbaren Besen dem Slave vor dem Monitor eins über die Rübe, damit er wieder zur Bescheidenheit zurückkehrt.

Maus

1. Kosewort unter Katzen und EDV-Fachleuten.
2. Bezeichnung für eine weibliche Person, an einem Monitor arbeitend. Kaum ein Rechner kommt heutzutage noch ohne eine Maus am Terminal aus. Seit die Mäuschen am Computer eingesetzt werden, hat sich

das Betriebsklima unglaublich verbessert. Es macht auch wirklich Spaß zu erleben, wie sich eine Maus schnurrend unter einer zärtlichen Hand über den Desktop rollt.

Mehrdeutig

1. In der Computersprache Kalauer, über die sich der Kalauer-Schreiber eigentlich schämen müßte.
2. Das Gegenteil von eindeutig.

Menüorientierung

Studieren einer Speisekarte in der Kantine eines Computerherstellers. In üblichen Restaurants ist eine Menüorientierung äußerst schwierig, da die einschlägigen Bediener grundsätzlich der Meinung sind, daß das vertiefte Reinschauen in eine Speisekarte das Signal an den Kellner ist, daß man seine Entscheidungen schon getroffen hat. Deswegen kann man in Restaurants über die Speisefolge so lange ungestört nachdenken, wie man nicht in die Speisekarte schaut.

Mini-Speedy-Board

Surfbrett für die IBM Catch-the-Wave-Takelage, mit der ungeahnte Geschwindigkeiten erzielt werden können.

MuFu

Die Mutter von KungFu. In vielen Konkurrenzkämpfen gestählte, vielfach funktionierende chinesisch-japanische Frau und Besitzerin einer Computerfabrik auf Taiwan.

Menüorientierung

N

Nanosekunde Der Augenblick, wenn das Baby in einer Computerfamilie endlich einschläft und der Papa schleunigst wieder an das Terminal zurückkehren kann.

Netzebene Lokale Bereiche an meist schwarzer, durchsichtiger computer-gestylter Reizwäsche.

Netzknoten Leider undurchsichtige Stelle an einem Netzwerk. Die Existenz der Netzknoten machen aber auf Dauer den Reiz der Netzebene aus.

Netzplan Graphische Darstellung zeitlich-sachlicher Zusammenhänge von komplizierten Problemen beim Öffnen von Reizwäsche.

Netzplantechnik Art des Vorgehens, mit einer Routine ein Netzwerk (siehe dort) zu öffnen. Ohne Routine (siehe dort) ist der EDV-Mann meist recht unbeholfen zugange und kann höchstens in jungen Jahren bei einer älteren EDV-Frau, die eine große Routine, dann aber auch einen recht großen Speicher besitzt, noch einigermaßen Ansprache bzw. Ausbildung erfahren. Dagegen gibt es meist katastrophale Errormeldungen, wenn beide ohne Routine und fehlende Netzplantechnik versuchen, in den Speicher hinter dem Netzwerk vorzudringen.

Netzwerk Arbeiten in einer Netzebene nach einem zuvor erstellten Netzplan (siehe dort).

Nanosekunde

Nollitschenschinier EDV-Supermann, der die tollsten Dinge weiß und kann. Traumprinz einer EDV-Fachfrau. Rarität. Beispiel sind die computergestützten Japaner, die von Hühnerfarm zu Hühnerfarm eilen, um mit einem Geschlechtsunterscheidungsprogramm im Kopf die frisch geschlüpften Küken mit einem scharfen, geübten Computerblick in Hühnchen und Hähnchen unterscheiden zu können. Woraufhin Hähnchen zu Seife und Hühnchen zum Eierlegen verurteilt werden.

O

Online Ausruf einer erschöpften amerikanischen Waschfrau, wenn endlich alle Wäsche aufgehängt ist. Böse Zungen behaupten wider besseres Wissen, daß dies auch der Stoßseufzer enttäuschter Ehefrauen von nächtelang durcharbeitenden EDV-Leuten sei, wenn sie ihren Gemahl erblicken, nachdem sich dieser wegen irgendwelcher Rechnerprobleme erhängt hatte.
Nun kann es geschehen, daß der fleißige Ehemann auch zu Hause an einem dieser neumodischen Personalcomputer weiterarbeitet, da die Bürozeit zur Erledigung seiner Arbeiten einfach zu kurz ist. Zieht die frustrierte und unausgelastete Hausfrau dann heimlich den Netzstecker des Gerätes, kann es geschehen, daß der arme Heimwerker vor Schreck über den Verlust der wertvollen Arbeit mit dem seufzenden Ausruf BREAK auf den Lippen verscheidet, um nie mehr

Online

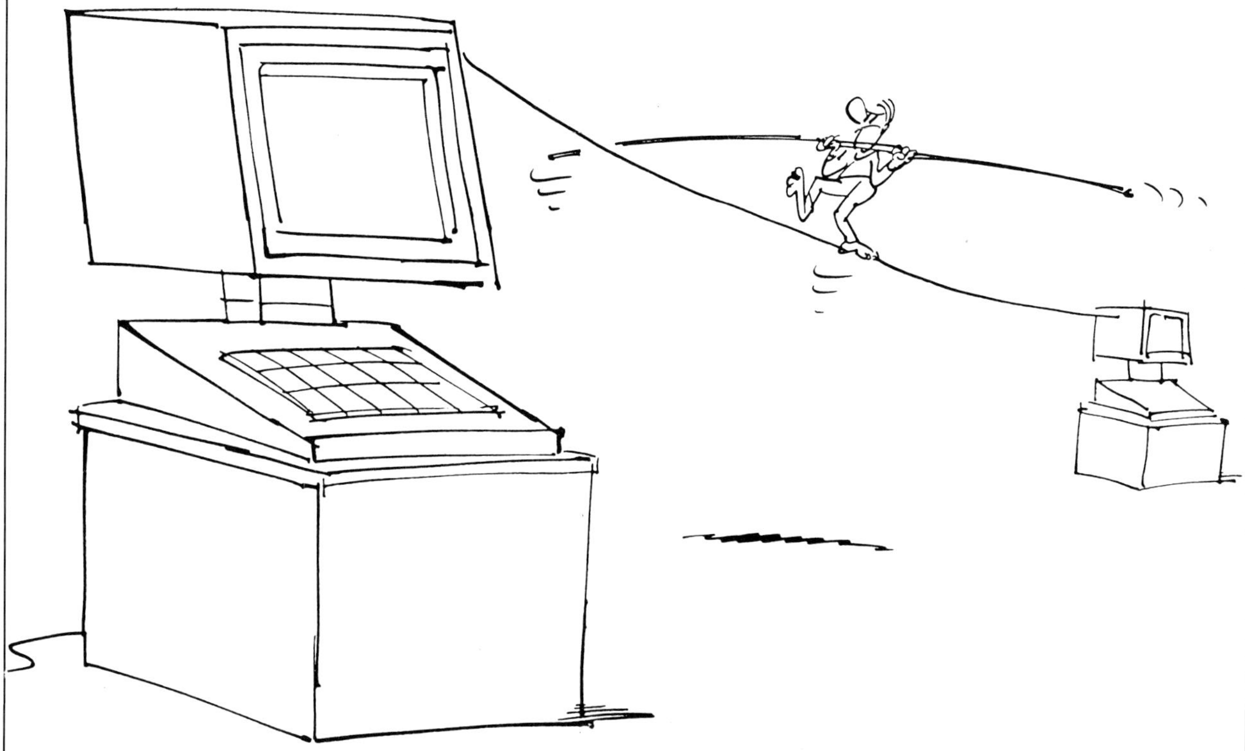

Phase

online zu sein. Es handelt sich bei diesem heimtückischen Verbrechen dann schlichtweg um den von Sherlock Holmes so lange gesuchten perfekten Mord.

Operating System Endlich ein Computerprogramm (Untertitel „Simulation the Surgeon"), mit dem der verhinderte Chirurg am Computer im Stile des Flight Simulators die tollsten Kapriolen chirurgischer Operationen an Terminal und Monitor durchführen kann. Vorsicht, kein Witz. Die zweite, verbesserte Version setzt allerdings voraus, daß der Rechner einen eingebauten Tank mit roter Tinte, realistischer mit gerinnungsfrei gemachtem, echten Menschenblut besitzt. Dieses wird dann rechnergesteuert in den richtigen Augenblicken aus einer feinen Düse über die Szene vor dem Terminal versprüht.

P

Phase Durch den Umgang mit elektronischen Rechnern durchläuft der ahnungslose Benutzer, ohne daß er dies selbst bemerkt, verschiedene Phasen der körperlichen und geistigen Veränderungen. Phase Nummer eins ist die sogenannte Faselphase. Zunächst geschieht hierbei ein Ausklinken sämtlicher logischer Hirnfunktionen und Veränderung der Sprache durch Benutzen von willkürlich erfundenen Wörtern, die tatsächlich aber keinerlei Bedeutung besitzen und nur den Prestigewert ihrer Sprecher erhöhen sollen (siehe unter Computersprache). Diese Wortschöpfungen gehen sogar mittler-

weile so weit, daß schon zwei einschlägige Wörterbücher (Tomus Verlag) gedichtet wurden, die diese Wörter erklären sollen. Bei genauerem Betrachten und Überprüfen von Sinn und Unsinn dieser Begriffe stellt sich aber heraus, daß die Erklärungen der einzelnen Stichwörter den nicht vorhandenen Hintergrund entlarven. Diese Wörterbücher sind für EDV-Fachleute unentbehrlich wegen ihrer Wichtigkeit, aber für einen intelligenten und scharfsichtigen Beobachter einfach zum Totlachen.
Zurück zu den einzelnen Phasen des EDV-Wesens. Die Faselphase wird später abgelöst von der sogenannten Lallphase mit Stammeln von Wortphrasen. Das sind zusammenhanglos zusammengewürfelte Buchstabenkombinationen. Eine Phase, die nach einigen Wochen nahtlos übergeht in die Endphase, das Einliefern in eine geschlossene Anstalt.

Planer

Hobelmaschine, die unebene Stellen in einem Computer-Programm einebnet. Besser für manche Ehe und den Geisteszustand des daran arbeitenden EDV-Wesens wäre es allerdings, wenn das ganze Gerät eingeebnet würde, was manche Ehefrauen auch in einem plötzlichen Wutanfall oder aus Eifersucht tun.

Platine

Weibliches Wesen, das durch den langen fanatischen Umgang mit elektronischen Datenverarbeitungsanlagen diesen technischen Wesen hörig geworden und dem menschlichen, männlichen Geschlecht gegenüber so stark abgestumpft ist, daß es nur noch zu einer Liebe wie zwischen Brüderchen und Schwesterchen fähig ist.

Planer

Programmkomfort	Gute Faltbarkeit eines (z.B. Theater-) Programmes, um daraus einen Papierflieger falten zu können. Ein lauffähiges, besser flugfähiges Programm zeichnet sich dahingehend aus, daß es nicht gleich abstürzt, sondern möglichst elegant bis in den Orchestergraben fliegt, um sicher auf der Glatze des Dirigenten landen zu können. Somit haben auch die unsichtbaren Grabenkämpfer im Theater ihre Unterhaltung. Eine weitere Form von Programmkomfort findet man bei Verwendung von weichem, saugfähigem und hautfreundlichem, eventuell sogar nach Lavendel duftendem Programmpapier, das sich durch geschickt angebrachte Perforation in kleine handliche Stücke von cirka zehn mal fünfzehn Zentimeter Größe zerlegen läßt.
Prolog	Vorwort eines Redners bei einer Ansprache vor Informatikfachleuten, wenn er in einer Computersprache eine Rede hält.
Prozeß	Anrufen eines Gerichtes durch einen großen EDV-Konzern mit vorausgegangener Hausdurchsuchung, Beschlagnahmung einer zweifelhaften Diskettenkopie und Verhaftung eines vierzehnjährigen Schülers mit sozialunterstützten Eltern.
Prozesse, symbolische	1. Parteispendenverfahren 2. Verfahren wg. Bestechung 3. Verfahren wg. Bestechlichkeit Symbolische Prozesse enden immer mit einem symbolischen Freispruch oder der symbolischen Freisprechung zu Einer-Mark-Taschen-Geldbuße (besser Geldposse) von 61 bis 550 Tsd.

Prolog

Pseudoregister

Pseudoregister Ein Karteikasten, in dem sich die Schnapsflaschen des Operators verbergen. Die Hauptnahrungsmittel des EDV-Wesens bestehen aus Chips und Schnaps. Die Chips dienen dazu, den Datenhunger zu stillen, der Schnaps ist dazu da, den Frust bei der Arbeit zu ertränken. Vollschlanke und figurbewußte Mitglieder dieser Branche sind dazu übergegangen, nur noch Microchips zu vertilgen.

R

Rasterfahndung Von einem Herrn Orwell im Jahre 1984 konstruiertes elektronisches Netz, mit dem man sehr leicht kleine Fische fangen kann, um sie anschließend zu hängen. Für große Fische ist dieses Netz zu klein. Die ganz großen Fische sind in der Regel die Inhaber der Netze.

Refresh-Zyklus Unterbrechung der Arbeit am Terminal alle zwanzig Minuten, um zu duschen, einen Kaugummi zu essen und/oder den von der Computermaus gereichten Kaffee zu trinken. Anschließend werden Disketten mit Schmierseife gereinigt.

Roboter Die einzige, wirklich sinnvolle Art und Weise, elektronische Rechner einzusetzen. Mit ihnen ist endlich der uralte Menschheitstraum erfüllt, daß der Mensch nichts mehr arbeiten muß, sondern nur noch sein Arbeitslosengeld auf dem Faulheitsamt abholt.

Routine Hoher Erfahrungswert und höchste fachliche Qualifikation eines EDV-Spezialisten im Umgang mit Netzwerk (siehe dort) und Operatricen.

S

Sektor Direktor bzw. Führer einer religiösen Splitterpartei. Auch Guru. Im Zeitalter der EDV wird es für die Sektoren zunehmend leichter, ihre Sekten ökonomisch und unter volks- und betriebswirtschaftlich optimalen Bedingungen zu verwalten, so daß ein Sektor heutzutage die größten Sekten als Privatbetrieb und nicht als eine, doch den Geruch der Dubiosität verbreitende GmbH & Co KG betreiben kann.

Semantisches Netz Fischfanggerät für Seeleute. Gegenteil von Flußfischerangel.

Sensor Erogene Zone(n) beim EDV-Wesen. Befindet sich an einer oder mehreren Fingerspitzen. Einzige nicht genetisch oder durch Ausleseprinzipien entstandene Entartung beim ehemaligen Menschen.

Sequenz Rüpelfigur in Shakespears „Sommernachtstraum“.

Slotkontakt Verkehr in einem polnischen computergesteuerten Bordell. Allerdings sehen es die Betreiber dieser volkseigentümlichen Be-Triebe viel lieber, wenn die Freier nicht in Slot, sondern in Dollar, Deutscher Mark oder Schweizer Franken bezahlen. Der speziell

Slotkontakt

wegen der Polenmädchen eingereiste vergreiste deutsch-amerikanische Freier Bob Langen (nomen est omen, bei ihm aber mehr Schall und Rauch), der mit seiner natürlichen harten Währung bezahlen wollte, wurde darauf hingewiesen, daß Hardware in seinem Selbstverständnis nicht zur Bezahlung dieser Dienstleistungen geeignet sei und auch nicht dem Verkehr entspräche. Dies vor allem, da mit einem sehr raschen Zerfall seiner Währung im Laufe bzw. spätestens am Ende des Slotkontaktes zu rechnen sei.

Speicherplatz

Früher nutzloser und kaum zu verwertender Raum, zum Aufhängen nasser Wäsche armer Leute bei schlechtem Wetter gerade noch geeignet. Heute, im Elektronik-Zeitalter das Teuerste und Knappste, was es überhaupt gibt.

Speicherstellen

Oft auch verbunden mit Schwarzer-Mann-Drohen. Speicherstellen ist eine Strafaktion an kleinen, vermeintlich ungezogenen Kindern. Neueste Erkenntnisse der Psychologen lassen allerdings befürchten, daß Kinder niemals essentiell (aus sich heraus) bösartig sein können, sondern mit dieser vermeintlichen Bösartigkeit nur ein Echo der vorausgegangenen Lieblosigkeit und Ignoranz der Eltern darstellen. Aus diesem Grund ist das als Strafe gedachte Abstellen von Kindern auf dem Speicher ein erneutes Speichern von zukünftigen „Ungezogenheiten oder Bösartigkeiten“. Überlegungen des Vatikans zielen daraufhin ab, das vierte Gebot abzuändern in: Du sollst deine Kinder achten und lieben, auf daß es dir wohlergehe und du lange lebest auf Erden. Bibelforscher weisen ohnehin schon seit Jahrhunderten darauf hin, daß dies sowieso

Speicherplatz

die ursprüngliche Version des vierten Gebotes darstellt. Der Text wurde wahrscheinlich bereits im zweiten Jahrhundert nach Christus von hinterhältigen und unüberlegt-egoistischen Eltern gefälscht.

Sprachenvielfalt Das Babylon des Altertums ist in der Sprachenvielfalt der EDV-Sprachen im zwanzigsten Jahrhundert wieder auferstanden. Wie gerne würden sich die vielen verschiedenen Rechner miteinander unterhalten, wenn sie sich nur verstehen würden.

Sprachhinterface-modulierung Kunstvolle Verballhornung der deutschen Sprache. In EDV-Kreisen aus Wut sehr häufig beobachtetes Anal- und Fäkalgeschwätz. Nicht zu verwechseln mit Hinterfacemodulation, einer kosmetischen Operation.

Sprachorientiert-heit Übersetzung von Worten auf Arabisch oder Türkisch. Durch den Einfluß der Gastarbeiter aus dem Orient orientiert sich die Entwicklung in der Elektronischen Datenverarbeitung immer mehr an sprachorientierten Systemen. Von rechtsextremistischen und auch nationalistischen Kreisen in der EDV-Szene als Verfremdung angeklagter Prozeß. Aber es ist besser, sprachorientiert zu sein als sprachlos.

Spreadsheet Amerikanisch für Sprühdiarrhoe. Am Terminal eines Rechners aus Angst, Wut, Verzweiflung und Streß entstandener Durchfall.

Stapelbalken-grafik Lagerverwaltungsprogramm in der EDV-Anlage einer Holzgroßhandlung, das zeichnerische Problemlösungen erarbeitet.

Sprachorientiertheit

Supervisor-Mode

Statusregister-manipulation	Korrupte Veränderungen, Verschiebungen und Vertauschungen in einem so lebenswichtigen Standardwerk wie „Who is Who?“.
Störung	Liebesbezeigungen der fachlich nicht interessierten Partnerin eines am Terminal sitzenden Operators.
Stottern	Problemorientierte Sprache.
Suchroutine	Fähigkeit eines fleißigen, aber schlampigen Computerspezialisten, sich in seinem Saustall bestens zurechtzufinden. Für ihn gilt die alte Weisheit: Wer aufräumt, ist nur zu faul zum Suchen. Außerdem hat er in seinem Rechner ja noch ein Suchprogramm, mit dem er die Maschine wie einen abgerichteten Spürhund suchen lassen kann.
Supervisor-Mode	Anzugsordnung für Aufsichtspersonen.
Systemarchitektur	Computergestütztes Tektieren (Vereinheitlichen) der rückwärtigen weiblichen Proportionen bei vereinheitlichtem männlichen Geschmack. Durch Kloning erreichte Nivellierung von Körpermaßen und Aussehen ist eine Wissenschaft, die bei Fröschen schon längst gelungen ist und sicherlich in vielen Labors weltweit auch schon mit menschlichem „Material“ versucht oder gar praktiziert wurde. Es ist bei Betrachtung der heutigen technischen Möglichkeiten unwahrscheinlich, daß nicht sogar längst viele hirnrissige Frankensteins schon leben und fleißig an der Veränderung des gesamten menschlichen Systems arbeiten.
Systement-Wickler	Besonders produktiver Regenwurm, der im EDV-Bereich den Dreck, den man ihm zur Entwicklung vor-

Taschenrechner

setzt, zu einer hausgemachten, wenigstens aber düngewirksamen Scheiße verarbeitet, mit der aber kein vernünftiger Mensch so schnell etwas anfangen kann.

Systemüberwachung Die Summe der folgenden drei Überwachungssysteme ist in der Lage, ein System zu überwachen:
1. Einführen eines durch einen Computer lesbaren Personalausweises.
2. Volkszählung.
3. Strenge und lückenlose Durchführung des Datenschutzes.

T

Taschenrechner Zuchtergebnis intelligenter, mathematisch begabter Zwerge. Besonders handliche und putzige Form eines kleinen Rechners, den man bequem in die Tasche stekken und dort arbeiten lassen kann. Die Taschenrechner sind auch, was Essen und Trinken anbelangt, äußerst genügsam. Einziger Nachteil ist, daß sie bis heute (Stand 1987) noch nicht absolut stubenrein (besser taschenrein) gezüchtet werden konnten, so daß in dieser Beziehung noch mit einigen Geruchs- und Feuchtigkeitsproblemen der Taschenrechner zu rechnen ist.
Einen ersten Fortschritt zeigt da eine neu gezüchtete Generation, die sogenannten Solarrechner, die dadurch, daß sie sich alleine mit Sonnen- oder sonstigem Licht ernähren können, ihren Herrchen oder Frauchen kaum noch Probleme der Reinlichkeit machen.

Task

Schwedisch für Kaffeetasse eines Computerspezialisten. Diese schwedischen Spezialtassen für überflüssigen Kaffee besitzen keine Öffnung, damit kein Kaffee über die Tastatur fließen und den Rechner zerstören kann. International patentiert und registriert unter der Nummer KB 27/12-1941.

Telefonmodem

Callboy. Das Gegenstück von einem Telefonmodell. Das Elektronikzeitalter hat auch dieses älteste Gewerbe der Welt grundlegend verändert. Mit grundlegend ist nicht die Art der Berufsausübung gemeint. Das war immer schon so. Vielmehr wurde durch den Einsatz der Dateienverwaltung mit einem elektronischen Rechner die buchhalterische Organisation dieser Betriebe revolutioniert. So kann zum Beispiel durch einfaches Verschlüsseln der Adressenkartei kein noch so hochgestelltes Wesen der Öffentlichkeit bei einer Razzia im Appartement einer öffentlichen Dame oder eines öffentlichen Herrn als Kunde offenkundig, und anschließend sein Name veröffentlicht werden. Selbst wenn die Sittenpolizei einen englischen Locksmith als Spezialisten zum Aufbrechen der Computerschlösser einsetzt, ist dies nicht möglich.

Terminal

Englisch für Bahnhof. Im Bereich der EDV der einzige Begriff, den die meisten Leute, die zu faul und zu dumm sind, sich mit diesem Thema zu befassen, gerade noch verstehen. Auf diesem Terminal verpassen jene Zeitgenossen auch den Zug in die Zukunft. „Ich verstehe nur noch Terminal!“ ist heutzutage ein vielgehörter Ausspruch der Unterprivilegierten. Für solche Leute gibt es nur einen Ausweg, wie sie schnellstens in die geistigen Höhen der elektronischen Daten-

Terminal

verarbeitung gelangen, um sich dort in die Lage zu versetzen, daß sie mitreden können. Das ist das schleunigste Studium der zwei Wörterbücher „EDV“ und „Computer“ von Nikolaus Bavarius, TOMUS Verlag München. Allein das autodidaktische Studium dieses hervorragenden zweibändigen Gesamtwerkes brachte Konrad Zuse in die Lage, seinen ersten Rechner zu bauen und vor allem zu bedienen und zu verstehen.

Tortengrafik

1. Künstlerische, aufwendige Gestaltung der Oberfläche eines qualitativ hochwertigen Kuchens durch einen Konditor.
2. Arbeitsskizze einer sparsamen, geizigen, peniblen oder aber auch äußerst vorsichtigen und gerechten Hausfrau vor dem Verteilen der Torte am Kaffeetisch.

Treiber

Jagdgehilfe. Mutigster Teilnehmer an einer Jagdveranstaltung. Man muß sagen, daß auch der Jäger selbst vor niemandem insgeheim so viel Respekt besitzt wie vor einem Treiber. Er kann sich eigentlich nicht vorstellen, daß ein Mensch, der die Materie kennt, so mutig sein kann, jemals in die Rolle eines Treibers zu schlüpfen und mit ungedeckter Rückseite freiwillig nur für den Hungerlohn von radioaktiven Nieren Freiwild und großflächige Zielscheibe zu sein.

Treibertod

Jagdhornsignal, oft am Ende einer Treibjagd geblasen.

Trepanation

Medizynischer Ausdruck für „ein Loch in den Kopf eines EDV-Wesens bohren“. Schon die Steinzeitärzte in Nürnberg waren in der Lage, ihren EDV-Spezialisten mit einem Steintrichter wichtige Daten durch so ein Loch einzufüllen.

Treiber

Trunc

Trunc	Englisch für Sucht am Terminal.
Turbo	Rennwagenmechaniker haben nun eine Marktlücke entdeckt, indem sie hektischen und ungeduldigen EDV-Leuten mit Schilddrüsenüberfunktion ihre Rechner tunen. Sie kitzeln aus den Geräten die letzten noch möglichen PS, so daß aus den lahmsten Enten die heißesten Öfen werden.
Turtel	1. Deutsch für das hauptamtliche, taubenähnliche Getue zwischen Programmierer und Operatrice am Arbeitsplatz. 2. Englisch für Schildkröte. Das erste Tier, das noch vor der Maus zu Computerzwecken abgerichtet wurde. Von kleinen Kindern bereits im Kindergarten benutzt. Den wenigen, noch existierenden Tieren ist es nach Aussage der Schildkrötengewerkschaft aber lieber, von den Kindern nach dem Logosprogramm umhergescheucht zu werden, als von den Erwachsenen mit feinem Getue in Suppe mit Sherry aufgefressen zu werden. Siehe auch unter Wraux.

U

Umwandeln	Nächtelanges rast- und ruheloses Umkreisen des elektronischen Rechners, in der Hoffnung, daß dieser doch noch selbständig zu denken beginnt, um dem Ratlosen aus der Patsche zu helfen.

Unendliche Schleife	Fliege am Smokinghemd eines kropftragenden EDV-Fachmannes.
Until	Japanisch für EDV-Monster. Der Einfluß der Chinesen und ganz besonders der Japaner auf die europäische Wirtschaft (z.B. im EDV-Wesen) und sogar die Sprache wird deutlich, wenn man weiß, daß sie (unbeabsichtigt) sogar das Jodeln bei uns eingeführt haben: Bei einer Fotosafari in den Schweizer Alpen fielen die Elektronikingenieure Hong King Kong und Tai Wan Chip in eine Schlucht. Dabei stürzte das gemeinsame obligatorische Transistorradio der beiden noch tiefer hinab. Daraufhin rief Kong zu Chip mit noch ganz aufgeregt hoher, sich überschlagender Stimme: „Hol i de Ladilo, odel hol du de Ladilo?“ Der zufällig in der Nähe seine Geißen hütende Uri Jodeli war von dem Echo so verzaubert, daß er immer und immer wieder diesen Ruf imitierte, der dann fälschlicherweise nach ihm benannt wurde.
Userlevel	Pfälzisch für Eßbesteck eines Benutzers einer elektronischen Datenverarbeitungsanlage, mit dem er die Suppe, die er sich mit seinem selbstgestrickten Programm eingebrockt hat, ausleveln muß.

V

Verbaltext	Gegenteil von Schweigetext.

Unendliche Schleife

Werda?
WOW!

Verknüpfung	Vorbereitendes Arbeiten zum rituellen Suizid, der Krönung der Laufbahn eines minderbemittelten Elektronikingenieurs, nachdem ihm sein Chef diskret und ohne Kommentar den Strick auf den Schreibtisch gelegt hatte.
Verweis, hierarchischer	Vorwurfsvolle Schelte einer von einer Wartefrau zur Watefrau gewordenen Aufseherin in der Betriebstoilette einer Computerfabrik an die faule Putzfrau, „hier ihren Popo" etwas schneller zu bewegen.
Video	Durch Einsatz der Elektronik mögliche Steigerung der Intelligenz, der Friedfertigkeit und der Sexualität der Weltbevölkerung.
Videocontroller	Beamter der Sittenpolizei.

W

Warmboot	Wasserfahrzeug mit serienmäßig, aber gegen Aufpreis eingebauter Heizung.
Werda?	Zerstreuter Ausruf des Operators, wenn der Rechner ihm auf die Finger klopft.
Wiederholgenauigkeit	Die Präzision, mit der man am Terminal immer und immer wieder die gleichen oder gar dieselben Fehler macht. Das wäre aber alles gar nicht so schlimm, wenn der Rechner nicht mit derselben W. immer und immer wie-

Windows

der über die gleiche ermüdende und entnervende Errormeldung mosern würde.

Windows

Kleine Fensterchen an einer elektronischen Datenverarbeitungsanlage. Zunächst muß der Operator selbst die Fensterrähmchen setzen, da die Anlagenhersteller aus Geiz nur die Öffnungen für die Windows freilassen. Die Windows sind Fensterchen, durch die der Operator in einem zwingend vorgeschriebenen Rhythmus nachschauen muß, ob es den kleinen Rechnern da drinnen auch noch gut geht, ob sie genug zu essen haben und sie sich bei ihrer Arbeit auch noch wohl fühlen, analog den Intervallen bei Automobilinspektionen.
Der Operator muß die Fensterchen nach einem ganz bestimmten Prinzip mit dem sogenannten, meist aus Palisanderholz geschnitzten LIFO-Stock öffnen, um die Kleinen zu versorgen. Es ist also unmöglich, ein Fensterchen erst einmal gezielt wieder zu schließen. Man muß nämlich das Futter immer durch das zuletzt geöffnete Fensterchen reichen. Diese Einschränkung ermöglicht es, die gesamte Verwaltung der Fensterchen einfach zu halten. Außerdem kann man ein verblüffendes Tempo beim Öffnen und Schließen der Windows erreichen.
(Na, Ihr Vollprofis, war das 'n Ding, oder nicht?)

Wipeout

1. Mißlungener Versuch eines blutigen EDV-Anfängers, den vollgeschriebenen Bildschirm mit einem Schwamm auszuwischen.
2. Gelungener Versuch des elektronischen Rechners, mit störrischem Blockieren, trotz wüsten Schlägen auf

	allen möglichen Tasten, dem blutigen Anfänger (und auch manchem Vollprofi) eins auszuwischen.
Wirbelzeichen	Spiralförmiges Zeichen, das irgendwelche Klammeraffen bei dem Versuch, eine 6 zu zeichnen, auf die Taste gekritzelt haben, so daß kein unvernünftiger Mensch weiß, was das zu bedeuten hat.
Wissensaufbereiter	Professor an einer Hochschule für Informatik.
Wissensbasis	Grundrechenart 1. in der Mathematik, 2. in der Informatikwissenschaft ab dem zehnten Semester und 3. in der Kinderschule. Rechenart nach der Basisformel: Eins und null ist zehn.
Works	Sprech- besser Würgeblasendeutsch für Geräusch aus dem Munde 1. des Operators, bei immer wiederkehrenden Errormeldungen, die Übelkeit mit Brechreiz erzeugen. 2. des Programmierers, wenn sich nach mehrfach gescheitertem Laufen eines Programmes beide Daumen des Operators am dritten Halswirbel des Programmierers treffen und die restlichen Finger sich näherungsweise am Adamsapfel zu berühren trachten.
Wraux	Sprechblaseninhalt in Comics, die von dem kriminellen Geschehen in der EDV-Szene handeln. Die EDV-Kriminalität nimmt nicht nur in der Wirklichkeit immer erschreckendere Ausmaße an, sondern breitet sich seuchenartig durch die Comichefte unter den Kindern aus, die sogar schon im Kindergarten eine eigene Sprache, Logos genannt, entwickelten, um unverstanden von den Erwachsenen ihre eigene verbotene Hackordnung zu praktizieren.

Wissensbasis

Writeln Englisch für Kritzeln auf dem Desktop, dem Schreiben eines neuen Programmes.

Z

Zeichenkette Nullen und/oder goldene Einsen am Hals der EDV-Frau.
In der Regel ist es so, daß die Nullen zunächst den Damen die goldenen Ketten an den Hals hängen, um sich anschließend an diesen werfen zu dürfen.

ISBN 3-8231-0135-8

ISBN 3-8231-0543-4

ISBN 3-8231-0126-9

ISBN 3-8231-0188-9

ISBN 3-8231-0176-5

ISBN 3-8231-0166-8

ISBN 3-8231-0139-0

ISBN 3-8231-0189-7

ISBN 3-8231-0116-1

ISBN 3-8231-0173-0

ISBN 3-8231-0177-3

Fröh·li·che Wör·ter·bü·cher von A bis Z

ISBN 3-8231-0105-6

ISBN 3-8231-0138-2

ISBN 3-8231-0136-6

ISBN 3-8231-0159-5

ISBN 3-8231-0179-X

ISBN 3-8231-0110-2

ISBN 3-8231-0162-5

ISBN 3-8231-0181-1

ISBN 3-8231-0545-0

ISBN 3-8231-0101-3

ISBN 3-8231-0190-0

ISBN 3-8231-0120-X

ISBN 3-8231-0137-4

ISBN 3-8231-0534-5

ISBN 3-8231-0121-8

ISBN 3-8231-0152-8

ISBN 3-8231-0157-9

ISBN 3-8231-0122-6

ISBN 3-8231-0144-7

ISBN 3-8231-0114-5

ISBN 3-8231-0113-7

ISBN 3-8231-0541-8

ISBN 3-8231-0544-2

ISBN 3-8231-0107-2

ISBN 3-8231-0128-5

ISBN 3-8231-0191-9

ISBN 3-8231-0112-9

ISBN 3-8231-0542-6

ISBN 3-8231-0149-8

ISBN 3-8231-0548-5

ISBN 3-8231-0546-9

ISBN 3-8231-0147-1

ISBN 3-8231-0187-0

ISBN 3-8231-0167-6

ISBN 3-8231-0540-X

TOMUS-Bücher machen Spaß

ISBN 3-8231-0129-3

ISBN 3-8231-0143-9

ISBN 3-8231-0098-X

ISBN 3-8231-0168-4

ISBN 3-8231-0119-6

ISBN 3-8231-0123-4

ISBN 3-8231-0134-X

ISBN 3-8231-0650-3

ISBN 3-8231-0154-4

ISBN 3-8231-0163-3

ISBN 3-8231-0192-7

Fröh·li·che Wör·ter·bü·cher von A bis Z

ISBN 3-8231-0193-5

ISBN 3-8231-0164-1

ISBN 3-8231-0169-2

ISBN 3-8231-0170-6

ISBN 3-8231-0124-2

ISBN 3-8231-0539-6

ISBN 3-8231-0140-4

ISBN 3-8231-0194-3

ISBN 3-8231-0538-8

ISBN 3-8231-0185-4

TOMUS-Bücher machen Spaß

ISBN 3-8231-0117-X

ISBN 3-8231-0171-4

ISBN 3-8231-0156-0

ISBN 3-8231-0109-9*

ISBN 3-8231-0175-7

ISBN 3-8231-0172-2

ISBN 3-8231-0535-3

ISBN 3-8231-0174-9

ISBN 3-8231-0537-X

ISBN 3-8231-0111-0

ISBN 3-8231-0536-1

Fröh·li·che Wör·ter·bü·cher von A bis Z

ISBN 3-8231-0183-8

ISBN 3-8231-0184-6

ISBN 3–8231–0151–X

ISBN 3–8231–0130–7

ISBN 3–8231–0158–7

ISBN 3-8231-0125-0

ISBN 3-8231-0131-5

ISBN 3-8231-0530-2

ISBN 3-8231-0531-0

ISBN 3-8231-0195-1

TOMUS-Bücher machen Spaß